Particulier

Vente du Samedi 8 Décembre 1866

TABLEAUX ANCIENS

COLLECTIONS

DE

MM. PIERRE LÉVESQUE ET T...

Exposition publique le Vendredi 7 Décembre

EXEMPLAIRE DE DHIOS

Mᵉ CHARLES PILLET,
COMMISSAIRE-PRISEUR

M. DHIOS,
EXPERT

1866

CATALOGUE

DE

36 TABLEAUX

DE MAITRES ANCIENS

COMPOSANT LA COLLECTION DE FEU

M. PIERRE LÉVESQUE,

Conseiller honoraire à la Cour impériale de Rouen.

ET DE

26 TABLEAUX ANCIENS

PROVENANT DE LA COLLECTION DE

M. T...

DONT LA VENTE AUX ENCHÈRES PUBLIQUES AURA LIEU

HOTEL DROUOT, SALLE N° 5

Le Samedi 8 Décembre 1866

A DEUX HEURES

Par le ministère de Mᵉ **CHARLES PILLET**, Commissaire-Priseur,
rue de Choiseul, 11,

Assisté de M. **DHIOS**, Expert, rue Le Peletier, 33.

Chez lesquels se trouve le présent catalogue.

EXPOSITION PUBLIQUE

Le Vendredi 7 Décembre, de une heure à cinq.

CONDITIONS DE LA VENTE

Elle sera faite au comptant.

Les adjudicataires payeront *cinq pour cent* en sus des enchères.

L'exposition mettant le public à même de se rendre compte de l'état des objets, il ne sera admis aucune réclamation une fois l'adjudication prononcée.

———

Paris. — Imp. de Pillet fils aîné, rue des Grands-Augustins, 5.

COLLECTION

DE M. PIERRE LÉVESQUE

ABTSHOVEN (Théodore)

1 — Intérieur flamand, dans lequel on voit trois fumeurs.

Bois. Haut. 25 cent.; larg. 19 cent.

BEGYN (Abraham)

2 — Paysage avec figures et animaux.

A la porte d'une bergerie, une jeune fille assise garde un troupeau de moutons; à droite, un cavalier monté sur un cheval blanc.

Toile. Haut. 46 cent.; larg. 55 cent.

BOTH (attribué à J.)

3 — Paysage; effet de soleil couchant.

Au premier plan, sur une route qui descend de la montagne, un muletier, avec sa mule empanachée, jette un coup d'œil en passant sur une jeune fille et un jeune berger gardant leur troupeau, assis sur le bord du chemin.

Toile. Haut. 87 cent.; larg. 108 cent.

DEKKER (CONRAD)

4 — Paysage avec chaumière et moulin à vent.

Au premier plan une rivière, sur laquelle on voit plusieurs barques animées de figures; sur la rive, deux pêcheurs.

Bois. Haut. 25 cent.; larg. 36 cent.

5 — Paysage avec chute d'eau.

Tableau très-fini, peint dans la manière de Ruysdaël.

Bois. Haut. 55 cent.; larg. 44 cent.

DOLCI (CARLO)

6 — La Mort de saint Joseph.

Cuivre. Haut. 30 cent.; larg. 25 cent.

DUJARDIN (Karel)

7 — Cavaliers en voyage.

Sur le premier plan, au-dessous d'une grotte, un groupe de cavaliers et une femme montée sur un mulet.

Toile. Haut. 1 mètre 60 cent.; larg. 2 mètres 34 cent.

GREUZE (École de)

8 — La Famille du fermier ; scène d'intérieur, composée de cinq figures.

Toile. Haut. 61 cent.; larg. 78 cent.

GUERCHIN

9 — Martyre d'une sainte.

Bois. Haut. 83 cent.; larg. 65 cent.

HUYSUM (Jean van)

10 — Petit Paysage très-fin, orné de figures.

Bois. Haut. 30 cent.; larg. 37 cent.

KLOMP (Albert)

11 — Un pâtre, à cheval, conduit un nombreux troupeau de vaches et moutons.

Composition capitale.

Toile. Haut. 80 cent.; larg. 102 cent.

KOBBEL (J.)

12 — Deux Vaches au repos dans une prairie située au bord d'une rivière.

Toile. Haut. 29 cent.; larg. 37 cent.

— LECLERC DES GOBELINS

13 — Concert champêtre.

A l'ombre de grands arbres, au milieu d'un parc où est placée une statue d'Apollon, une élégante et nombreuse réunion de dames et seigneurs en costumes du temps de Louis XV font de la musique en jouant de plusieurs instruments.

Cette jolie composition forme plusieurs groupes agréablement disposés.

Toile. Haut. 51 cent.; larg. 64 cent.

LINGELBACH

14 — Vue d'une place publique à Rome, animée d'un grand nombre de personnages formant divers groupes.

Tableau d'une bonne couleur.

Bois. Haut. 53 cent.; larg. 42 cent.

Mlle MAYER (Élève de Prudhon)

15 — L'Innocence endormie, trahie par l'Amour.

Bois. Haut. 70 cent.; larg. 58 cent.

METZIS (Quentin)

16 — Saint Jérôme en méditation.

Composition où l'on voit un grand nombre d'accessoires d'un fini très-précieux.

Bois. Haut. 96 cent.; larg. 125 cent.

MURILLO (attribué à)

17 — La Vierge et saint Joseph représentés avec l'Enfant Jésus.

Charmant petit tableau très-fin.

Cuivre. Haut. 38 cent.; larg. 30 cent.

NEEFS (Peeter)

18 — Intérieur de l'église de Sainte-Gudule, à Bruxelles; tableau animé d'un grand nombre de figures.

Composition capitale, d'un ton clair et harmonieux.

Bois. Haut. 59 cent.; larg. 79 cent.

OCTERVELT

19 — Jeune dame vêtue d'une robe de satin blanc, se regardant dans un miroir,

Toile. Haut. 41 cent.; larg. 55 cent.

OSTADE (d'après)

20 — Buveur accoudé sur l'appui d'une fenêtre.

Bois. Haut. 27 cent.; larg. 22 cent.

PATEL

21 — Paysage.

Sur la droite, un moulin à eau adossé contre une montagne. Au centre, une chute d'eau, qui tombe en cascade, vient alimenter le moulin et forme un lac au bord d'une prairie, où l'on voit un berger gardant son troupeau.

Toile. Haut. 58 cent.; larg. 83 cent.

PINACKER (signé)

22 — Paysage baigné par une rivière.

Sur le premier plan, une villageoise et un paysan portant un fardeau causent avec un pâtre monté sur un âne, conduisant un troupeau de vaches et de moutons.

Toile. Haut. 47 cent.; larg. 57 cent.

POUSSIN (attribué à NICOLAS)

23 — Le Massacre des Innocents.

Toile. Haut. 112; larg. 142 cent.

REMBRANDT (École de)

24 — Saint Jérôme en prière dans une grotte.

Bois. Haut. 35 cent.; larg. 30 cent.

REMBRANDT (attribué à)

25 — L'Incendie de Troie.

Bois. Haut. 48 cent.; larg. 78 cent.

ROOS (HENRY)

26 — Paysages et Animaux.

Sur le premier plan deux bœufs, l'un debout, l'autre couché.
A gauche, un troupeau de moutons ; dans le fond, un pont en
ruines conduit à un château.

Toile. Haut. 96 cent.; larg. 116 cent.

RUYSDAEL (d'après)

**27 — Paysage ; site montagneux, avec chute d'eau et grands
arbres.**

Toile. Haut. 86 cent.; larg. 100 cent.

SCHALKEN (GODEFROID)

**28 — Une jeune dentellière endormie est taquinée par un
jeune homme qui la chatouille avec une paille.**

Effet de lumière.

Toile. Haut. 30 cent.; larg. 25 cent.

✝ SLINGELANT (Pierre van)

29 — Dans un intérieur hollandais, un savant est assis dans un fauteuil, occupé à consulter un livre placé sur une table, à côté d'une mappemonde et d'une guitare; une dame en toilette, tenant ses gants d'une main, vient l'interrompre et a l'air de le consulter.

Tableau très-fini, d'une précieuse exécution.

Bois. Haut. 55 cent.; larg. 47 cent.

SOLMACKER

30 — Extérieur de Ferme.

Une jeune paysanne, un seau à la main, vient puiser de l'eau à un puits, près duquel on voit deux bœufs, l'un couché et l'autre debout; plusieurs chèvres et moutons au repos.

Bois. Haut. 40 cent.; larg. 35 cent.

VERBRUGGEN

31 — Bouquet de fleurs dans un vase.

Toile. Haut. 117 cent.; larg. 84 cent.

VOS (H. J.)

32 — Dans un intérieur hollandais où l'on voit trois officiers, deux sont assis et jouent au trictrac; le troisième, derrière et debout, les regarde.

Ce charmant tableau, d'une grande finesse, rappelle les œuvres de Miéris.

Bois. Haut. 51 cent.; larg. 45 cent.

WOUVERMANN (Attribué à Ph.)

33 — Halte près d'une tente.

Un chariot attelé de deux chevaux, l'un blanc et l'autre bai, s'arrête devant une tente qui sert d'auberge, au milieu de la campagne. Déjà un cavalier cause avec la maîtresse de la maison. Derrière le chariot, un paysan conduit plusieurs chevaux.

Toile. Haut. 33 cent.; larg. 39 cent.

WYNANTS (signé 1660)

34 — Paysage accidenté orné de figures.

Bois. Haut. 40 cent.; larg. 55 cent.

WYNTRACK

35 — Cygnes et Canards près d'une mare d'eau.

Tableau bien peint.

Bois. Haut. 58 cent.; larg. 84 cent.

ECOLE VÉNITIENNE

36 — Sainte Hélène allant recevoir les restes de la vraie Croix.

Cuivre. Haut. 36 cent.; larg. 27 cent.

COLLECTION DE M. T...

VAN BALEN ET VAN KESSEL

37 — Repos de Diane.

A l'ombre de grands arbres, Diane et deux nymphes endormies sont surprises par deux satyres. Autour d'elles on voit par terre du gibier de toute espèce. .

Bois. Haut. 39 cent.; larg. 54 cent.

BRAUWER

38 — Réunion de quatre Buveurs et Fumeurs dans un intérieur.

Bois. Haut. 30 cent.; larg. 26 cent.

BREUGHEL ET VAN BALEN

39 — Repos de la sainte Famille.

Au milieu d'un beau paysage, la Vierge, assise, tient l'Enfant Jésus dans ses bras; autour d'elle, des anges viennent offrir des fleurs et des fruits à son divin Fils. Derrière cette scène se tient saint Joseph, dans l'attitude de la prière. Au-dessus, une gloire d'anges répandant des fleurs; à gauche, fond de paysage.

Bois. Haut. 55 cent.; larg. 84 cent.

J. BREUGHEL

40 — Paysage.

Ce tableau représente une belle campagne traversée par des collines au bas desquelles coule une rivière. Sur le devant, à gauche, un homme conduit un cheval blanc attelé à une charrette; derrière vient un chariot attelé de six vaches. Plus loin, et se dirigeant du côté opposé, des paysans conduisent un nombreux troupeau de bestiaux.

Bois. Haut. 42 cent ; larg. 70 cent.

41 — Paysage.

Sur le devant, un villageois et sa femme conduisent deux vaches.

Bois. Haut. 37 cent.; larg. 28 cent.

COLIGNON

42 — Marine ; naufrage.

Navires se brisant sur des rochers.

Toile. Haut.   cent.; larg.   cent.

J. VAN DES DOÈS

43 — Paysage et Animaux.

Près d'une ferme, assis au pied d'un groupe d'arbres, un pâtre et son chien gardent un nombreux troupeau de vaches et de moutons dans diverses attitudes.

Toile. Haut. 65 cent.; larg. 90 cent.

44 — Chèvres et Moutons au repos.

Bois. Haut. 38 cent.; larg. 34 cent

J. VAN GOYEN

45 — Paysage avec rivière et bateaux.

Site de Hollande.

Toile. Haut. 42 cent.; larg. 50 cent.

GREUZE (d'après)

46 — L'Heureuse mère, scène d'intérieur.

Composition gravée.

Toile. Haut. 78 cent.; larg. 63 cent.

DAVID DE HEEM (attribué à)

47 — Fruits et nature morte.

Toile. Haut. 94 cent.; larg. 72 cent.

PIETER DE HOOGHE (genre de)

48 — Scène d'intérieur, avec nombreuses figures.

Bois. Haut. 55 cent.; larg. 76 cent.

VAN KESSEL

49 — Les quatre Éléments.

Au milieu d'un beau paysage, sur le premier plan, on voit un groupe de quatre déesses représentant les divers éléments; autour d'elles sont groupés toutes sortes d'oiseaux, poissons et fruits. Dans le fond, groupe de personnages assis sur l'herbe. Tableau d'une grande finesse d'exécution.

Bois. Haut. 53 cent.; larg. 74 cent.

KOBBEL

50 — Paysage et Animaux.

Bois. Haut. 22 cent.; larg. 30 cent.

LENAIN

51 — Scène d'intérieur.

Assis et debout autour d'une table, plusieurs voyageurs attendent qu'on leur serve à boire. Pendant ce temps, l'un d'eux lit une lettre à la lueur d'une chandelle. Au bout de la table, un fumeur allume sa pipe; derrière et debout devant la cheminée, un autre se chauffe.

Toile. Haut. 76 cent.; larg. 84 cent.

MOLENAER

52 — Intérieur de Cabaret.

Au milieu d'une chambre basse, trois fumeurs sont assis autour d'une table, pendant que deux autres se chauffent près de la cheminée. A droite, divers ustensiles et accessoires.

Bois. Haut. 55 cent.; larg. 42 cent.

NEEFS (PEETER)

53 — Intérieur d'église animé de figures.

Bois. Haut. 34 cent.; larg. 28 cent.

PINACKER (ADAM)

54 — Paysage.

Sur le premier plan, grands arbres auprès desquels deux jeunes garçons conduisent un âne par son licol. A droite, une route qui conduit à un torrent coulant au bas de rochers ; un pont de bois le traverse. Beaux lointains.

Toile. Haut. 99 cent.; larg. 88 cent.

RUBENS (École de)

55 — Enfants pressant du raisin dans une coupe.

Esquisse.

Toile. Haut. 55 cent.; larg. 43 cent.

SALOMON RUYSDAEL

56 — Paysage boisé au bord d'une rivière.

Bois. Haut. 25 cent.; larg. 34 cent.

SCHALL

57 — La Déclaration d'amour.

Jolie scène d'intérieur.

Bois. Haut. 27 cent.; larg. 22 cent.

VALIN

\ 58 — Deux Nymphes faisant une offrande à une déesse.

Bois. Haut. 39 cent.; larg. 31 cent.

VAN DE VELDE (attribué à)

59 — Marine.

Mer houleuse, avec bateaux pêcheurs et navires de guerre quittant le port. Sur la plage, quelques figures.

Toile. Haut. 27 cent.; larg. 40 cent.

VERSCHURING

60 — Halte devant une hôtellerie.

A la porte d'une auberge, une dame et un cavalier boivent le coup de l'étrier, que vient de leur verser l'aubergiste. Près de la porte, une femme tient son fuseau, et un petit garçon caresse un chien. Dans le fond, un groupe de trois chèvres.

Toile. Haut. 69 cent.; larg. 59 cent.

WATTEAU (genre de)

\ 61 — Intérieur de Parc avec personnages.

Bois (ovale). Haut. 22 cent.; larg. 18 cent.

P. WOUVERMANN (attribué à)

62 — Le Coup de l'étrier.

Une jeune fille vient de servir le coup de l'étrier à un officier qui s'apprête à monter à cheval. Déjà un guide est en selle et sonne de la trompette pour appeler sans doute le cavalier qu'un cheval blanc, tenu par un jeune garçon, attend. Dans le fond, on aperçoit des soldats et des tentes.

Bois. Haut. 52 cent.; larg. 37 cent.

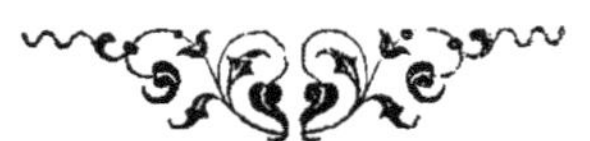

www.ingramcontent.com/pod-product-compliance
Ingram Content Group UK Ltd.
Pitfield, Milton Keynes, MK11 3LW, UK
UKHW031706170726
13836UKWH00001B/61